Darluniwyd gan Elin Lisabeth
Cysodwyd gan Dafydd Owain

Argraffiad cyntaf: 2020

CYNGOR LLYFRAU CYMRU
BOOKS COUNCIL of WALES

Dymuna'r cyhoeddwyr gydnabod cymorth ariannol Cyngor Llyfrau Cymru.

Rhif Llyfr Rhyngwladol: 978-1-84527-749-9

Cyhoeddwyd, rhwymwyd ac argraffwyd yng Nghymru gan Wasg Carreg Gwalch, Llanrwst

www.carreg-gwalch.cymru

Diolchiadau

Diolch i Lenyddiaeth Cymru am Ysgoloriaeth Awdur 2019 a gefnogir gan Y Loteri Genedlaethol trwy Gyngor Celfyddydau Cymru; i Gyngor Llyfrau Cymru am y gefnogaeth ariannol; i Ceri Wyn Jones, Huw Meirion Edwards, Carwyn Eckley ac Iwan Rhys am bob anogaeth.

Diolch i Myrddin ap Dafydd a phawb yng Ngwasg Carreg Gwalch am eu gofal.

Diolch i Rhys Iorwerth am ei arweiniad a'i gyngor. Fyddai'r gyfrol hon ddim yn bosib heb ei gymorth.

Diolch i Mam sydd wedi darllen pob cerdd sgwennais i erioed.

Diolch i Catrin, Rhys, Dad ac i deulu a ffrindiau sydd wedi helpu mewn sawl dull a modd.

A diolch yn arbennig i Dafydd Owain ac Elin Lisabeth – bu'n fraint cydweithio efo chi.

Hydref 2020

Rhagair

Cerddi llawn clymau,
cerddi colli gwallt,
cerddi cyfog gwag,
cerddi Chipsticks a Micro Chips,
cerddi llewod yn fy stumog,
cerddi tabled cysgu,
cerddi methu codi,
cerddi dan feicrosgop,
cerddi cyfri i ddeg cyn anesthetig,
cerddi slap a'r seiat,
cerddi Dafydd, Rhys a Marged,
cerddi Siôn Blewyn Coch,
cerddi *Tafarn y Gŵr Drwg*,
cerddi glaw tyfu,
cerddi haul gwenwyn,
cerddi cerdded drwy driog,
cerddi isio denig,
cerddi dal yn dynn,
cerddi trio dallt,
cerddi methu dallt,
cerddi does 'na neb yn eu dallt.

Dechrau

Ddechreua i fel hyn:

fi ydi'r ferch y taflodd yr haul ei bupur drosti
a thaenu machlud mynyddoedd Wiclo yn ei gwallt;

chwe blynedd cyn hynny
cafodd yr un sbort gyda 'mrawd,
ond sobrodd gyda'r cyw melyn yn y canol.

Ia, ddechreua i yn fanna.

Dyddiau'r blodyn menyn

Roedd hi'n ddyddiau'r blodyn menyn arna i:
yn wanwyn hirfelyn a'r llwyni mewn llewys bach,
ffenestri'n agored led y pen,
strymian gitâr mewn clustiau
a minnau'n sgipio yn nhraed fy sanau.

Ond yna o ddrws ffrynt y tŷ,
canodd cnul chwech y bore
ac aeth hi'n nos mwya sydyn;
tarodd y llwyni eu cotiau amdanynt,
caeodd y ffenestri'n glep,
ffrwydrodd y tannau,
glynodd bodiau fy nhraed yn driog
a daeth dyddiau'r blodyn menyn i ben
gan adael eu hôl yn sgyrion o dan fy ngên.

'Ydi pawb yn barod?'

Mae'n swatio yng nghrud y lliain gwyn.
Bachgen
a lliw diarth ar orwel ei lygaid.
Chwarter wedi tri y bore
a chraciau'n wlith ar ei wefus.
Cant saith deg pwys
a'i wallt yn pipian uwch ei gorun.
Pum trodfedd, deg modfedd
ac ôl rasal prynhawn ddoe ar ei ên.
Yr un ffunud â'i dad
a chysgod brychni gwaed ar ei wyneb.
A'i fam
yn rhoi o-bach i stêm ei hanadl ar y gwydr.
Brawd
yn diflannu wrth i'r bleinds gau.

Ymwelwyr

Maen nhw'n sefyll wrth y drws ffrynt
ac yn smalio sbio ar y blodau yn y border
(ond does dim blodau – dim ond chwyn),
yna dwi'n agor y drws
ac yn ysgwyd y dwylo *chrysanthemums*.

Maen nhw'n cario eu geiriau
yn fisgedi yn eu pocedi
gan wagio'r briwsion o'm blaen bob hyn a hyn –
'mi ddoi ymhen amser' –
wrth lygadu'r cwpanau tsieina ar y bwrdd.

Maen nhw'n ymuno â'r lleill ar y soffa
ac am imi 'fod yn gefn i bawb rŵan'.
Dwi'n dweud dim, dim ond sbio arnyn nhw
yn blasu siwgr y *victoria sponge* a'u golygon
yn troi ar echel olwynion y teisenni cri
ac yn mesur sgwariau taclus y brechdanau.

Wedi rhoi'r platiau wrth y sinc a chrychu serfiéts
ânt allan drwy'r un drws
am ei bod yn 'anlwcus mynd ffordd arall',
hwythau wedi cadw dyletswydd
a chael te parti yn y fargen.

Smwddio

Cododd i wich y goeden ewcalyptws
o waelod yr ardd,
newidiodd i'w dillad gorau,
sleifiodd heibio i'w phlant
oedd rywle rhwng cwsg ac effro,
agorodd y drws
a theimlodd goflaid gwres y gegin;
hi oedd piau'r awr nesaf.

Estynnodd y crys-T du
i'w godi'n uchel ar lein ddillad haul y bore
a'i ddal ar begiau ei chof.

Estynnodd y siwmper wlân hufen,
sugnodd ei harogl
a'i lapio'n dynn am ei brest.

Estynnodd y jîns glas,
dilynodd yr edau â blaenau ei bysedd,
mwythodd y godreon brau.

Fesul un, fe'u gosododd ar y bwrdd smwddio;
anwesodd y rhychau
a'u plygu i gyfeiliant y distawrwydd.

Estynnodd genhinen Bedr
o ddrôr bach y ddresel,
meddalodd y petalau plastig
a daeth gwayw sydyn i'w gwefus
fel tasa hi'n chwythu sws.

Cydiodd yn y sanau a'r dillad isaf
a'u gwasgu'n gynnes yn amlen ei dwylo.
Gafaelodd yn y treinyrs Adidas glas,
clymodd y careiau'n gwlwm gofalus,
cerddodd ei dychymyg drwy'r dolennau.

Rhoddodd y dillad yn bentwr twt
ar blatiau arian y Rayburn
i'w cynhesu am y tro olaf.

Llenwi tŷ

Dafydd, heddiw ti 'di llenwi'r tŷ:
mamau sy'n ysgwyd pen
a sipian te efo'u bys bach,
tadau na alla i ddweud
p'un ai ebychu neu dagu maen nhw,
athrawon a'u llygaid byrddau gwyn
o bermanent markers,
cyfreithwyr croesi coesau
mewn siwtiau llwyd di-grych,
cydnabod sy'n llenwi stoc eu storis,
pobl sy'n honni eu bod nhw'n perthyn imi,
gweinidogion a doctoriaid a phlismyn.

Dafydd, heddiw ti 'di llenwi'r tŷ:
bagiau te, potiau Nescafé,
cacenni cri, Lucozade, cardiau,
bara brith, lluniau, blodau,
llythyrau, siwgr, Zopiclone,
tuniau samon, papurau newydd,
llefrith, ffurflenni, bisgedi,
goriadau, waled, arian mân,
ID, ffôn a'i sgrin wedi chwalu.

Am ddeg munud i un ar ddeg
maen nhw'n ffarwelio efo'u
'wela i chi ben bora fory'
ac yn gadael.

Dwi'n golchi'r mygiau
a'u cadw eto yn y cwpwrdd,
dwi'n hel y briwsion o fwrdd y gegin,
dwi'n brwsio'r llawr
a thaflu gweddillion cacen arall i'r bin brown.

Dyna pryd, Daf,
pan mae'r lleuad yn swatio
ym mhlygion y seddi gwag
a sŵn y teciall yn eco drwy'r tŷ,
dyna pryd dwi'n gallu dweud dy enw.

WELA CHI
BEN BORA FORY!

Cynhebrwng

Ti'n eistedd wrth fy ochr.
Daw dy law dan Drefn y Gwasanaeth
i gynnig hances.
Dy gwestiwn ar dy dalcen
yn rhoi atalnod llawn ar fy nagrau.
Yn y fynwent,
ti'n aros tu ôl imi
wrth i bawb arall adael.

Mae Dad yn ei gôt drom laes,
Mam a Catrin mewn ffrogiau du,
Rhys yn ei siwt orau
a fi yn fy nillad oglau Persil.
Yn y fynwent,
mae pawb yn mynd,
a dwi'n eu dilyn
ac yn dy adael di.

Te

Mae'r stafell yn aros amdana i
a dwi'n cyfarch pawb – bron.

Y ddau ewythr; un yn ddi-ddallt o ddi-Gymraeg
a'r llall sy'n siarad mwy na'i siâr,

teulu sy'n sbio o'u cwmpas wrth hel achau –
maen nhw'n hen lawiau ar dŵs fel hyn,

fel y bobl 'well ni fynd', 'wnawn ni ddim aros yn hir'
sy'n trio dal fy llygad a'r tebot yr un pryd,

ffrindiau yn bragu atgofion i'r gwydrau peint
a'r cylch o genod sy'n sibrwd wrth bigo'r *buffet*

ac yn y gongl bellaf, mae'r adar cyrff
yn gogr-droi wrth sipian cyrains y bara brith.

Dwi isio sgubo'u traed nhw am adra.
Mae'n dechrau twllu.

Ymwacáu

Heno, mae golau'r stryd
yn plygu pen dros seddi gwag y gegin,
y teciall yn mygu bendith
a dwi'n gwylio'r cloc ar y distyn,
yn cydgerdded yr oriau,
yn dilyn silwét a seirenau
nes daw chwech y bore eto
a'r baned wedi oeri yng nghwlwm fy nwylo.

Clirio'r swyddfa

Heddiw, corlannais y ffeiliau,
pentyrru'r amlenni a'r llyfrau,
gwagio'r cabinet a'r droriau,
tynnu'r lluniau o'r waliau,
taenu cadach dros y ddesg,
cadw'r mẁg Everton,
gosod pum mlynedd mewn bocs plastig
a chau'r caead.

Crogais y goriad yn y clo,
taro un cip
a chamu i lawr y grisiau.

Fesul un, â'u llygaid
yn chwarae cuddio â'u careiau,
fe safon nhw dan fframiau'u drysau.

O'r llawr gwaelod
gwelais flaen esgidiau
yn pipian yn swil
dros sgerbwd pob llawr.

Allan ar y stryd ym Mangor,
drwy ffenest gilagored
y swyddfa wag ar y llawr uchaf,
roedd gronynnau llwch yn hofran
ac yn cael eu dal ym mhelydrau'r haul.

Nain

Mae hi mor agos ac eto mor bell
yn ei chadair *recliner* werdd.
Paned yn ei llaw,
ffôn ar y bwrdd bach crwn wrth ei hochr
a *TV Choice* a *Daily Post*
yn sgribliadau negeseuon a rhifau
wedi'u gwasgu
rhwng braich cadair a chlustog.

Wnaiff hi ddim codi i'r gweinidog
na nôl y Jammie Dodgers a'r Jaffa Cakes
i'w hwyrion o'r cwpwrdd pethau da
pan ddônt drwy'r drws.

Wnaiff hi ddim byd
ond eistedd.
Hi a'r tân nwy.

Biti na fyddai'r swits ar ochr y gadair
yn halio'r hiraeth
ac yn gollwng y galar ohoni.

Breuddwyd

Dwi'n dy weld di weithiau
a dwi'n dy ddal â dwy law
fel pe bawn yn derbyn cerdyn post
a blas y teithio'n gynnes arno.

Dwi'n dod ar adain cwsg
yn ganu Heledd,
yn geinciau o gwestiynau
sy'n eiriol atebion.

Dwi'n dod i sgwrsio
ac i grio
nes i leidr y bore bach ddod
i ddwyn fy ngho'.

Tacsi

Does gen i ddim enw na wyneb.
Rwyt ti'n crwydro
ar hyd yr A487, yr A470 a'r A55,
yn cyfri'r milltiroedd i ben y daith.

Tybed wrth hanner gwrando
ar y mân siarad
o'r seddi lledr du yn y cefn,
neu wrth diwnio'r tawelwch
rhwng hysbysebion y radio,
neu wrth daro cip yn y drych,
wyt ti'n cofio'n sydyn
am un trawiad
yn nhywyllwch nos?

Ond i be a' i i ddychmygu?

Rydan ni'n dau'n dal
i ddisgwyl am rywun
er mwyn mynd i rywle.

Esbonio

Annwyl bawb,

Alla i ddim rhannu'r profiad hwn,
mae 'na bwysau'n tynnu ar bob gair
a does gen i mo'r nerth i'w dweud,
mae 'na deimladau wedi'u celcio tu mewn imi
a phethau na fedra i feddwl amdanyn nhw.

Rhwng sgyrsiau ceiniog a dimai
am nosweithiau allan a
'be ti'n 'neud flwyddyn nesa?'
bodlonwch ar newid mân
fy mrawddegau,
bodlonwch ar 'mae hi'n anodd'
a mod i 'ddim yn fi fy hun'.

Ryw ddiwrnod
bydd fy nghadw-mi-gei yn llawn,
ac efallai, bryd hynny,
mi dara i fwrthwl ar serameg fy myd.

Ddoi di ddim?

Pan oeddem yn blant, arferai fy nhad fynd â ni bob
haf i'r Greigddu Uchaf, Bronaber, Trawsfynydd, cartref
fy nhaid sydd bellach yn adfail.

Ddoi di ddim i glecian brigau'r coed pin
a gwylio herc hen ddafad ar y Rhinogydd
a dod efo ni i deimlo'r hen ddistyn
sy'n gwisgo fesul tipyn
haf ar ôl haf?

Ddoi di ddim?

Yn yr oriau mân
est,
heb adael nodyn,
na neges,
nac addewid.

Na,
ddoi di ddim.

John Ystumllyn

'Y traddodiad sydd fel y canlyn "I un o Wynniaid Ystumllyn,
yr hwn oedd ganddo *Yacht*, ddal bachgen du mewn coed yn
Affrica a'i ddwyn..." Claddwyd ef yn Mynwent Ynyscynhaiarn...'
Alltud Eifion, *Y Gestiana*

Mae'n gêm o Guess Who yma heddiw.

Mae gen i enw a blwyddyn
a brawddegau wedi'u raflio
rhwng *chewing gums* a menyg mewn poced côt.

Mae gen i enw
a sêl am fynwentydd heb weddwon,
heb gyfeillion,
heb blant a brawd a chwaer,
heb berthnasau, heb bobl sy'n perthyn-drwy-waed,
heb rywun sy'n gorfod dod
i dramwyo'r sarn o faw defaid
a chodi cliced y giât haearn ddu
gan sefyll, am ennyd,
i gofio am bobl aeth dros go'.

Mae gen i enw
ac rydw i am y gorau
i dynnu 'mys ar hyd y myrdd o lechi gwargam
a chlepian Evan John Hugh Magdalen Ellis
Gwen Jane David Richard Margaret
nes y do' i o hyd iddo.

Wedi ugain munud
dwi'n laru chwarae
a dwi'n gadael heb ddim ond enw a blwyddyn
a brawddegau wedi'u raflio
rhwng *chewing gums* a menyg mewn poced côt.

Ac yn sŵn Arriva'n nadreddu
yn y gors tu ôl imi,
dwi'n sylweddoli,
waeth imi heb,
ddo' i ddim o hyd iddo yntau chwaith.

Taid Tir Bach

Gan wybod mai dim ond ychydig fisoedd oedd ganddo
i fyw, dywedodd fy nhaid wrth Dafydd a minnau ei
fod yn marw.

Stori nos da Taid oedd hi
ac fe'i plannodd yn hedyn mwstard ynof.

Roeddet ti yno hefyd;
yn llyncu seiat a the,
yn meddwl am yr einioes a roddodd
i bridd y tir bach o flaen y ffenest.

Gadael wnaeth o.

A phan est tithau,
cofiais eto am ei eiriau
ac fe'u rhwygais yn ddail tafol drosof.

Cwest

'Tro annisgwyl yn hanes y Cyngor Llyfrau...
Yng Nghaerdydd clywyd rhybudd...
Hefyd heno...'

Yn nhagfa chwarter i chwech
lôn Glynllifon roeddan ni,
pan seiniodd y radio
bost mortem ar dy fodolaeth di.

Rhwng nos a gwawr a glaw mân

Daeth yma wedi'i lapio mewn eli haul
a swsus Mam a Dad yn frychni drosto,

ac yn ara bach, dysgodd dorchi
ei lewys stremps hufen iâ,
i dyllu'n ddygn
a gwaredu gwymon dan draed.

Saernïodd gaer dan lygad yr haul,
creodd dwneli yn ymestyn i'r môr,
lluniodd dyrrau i edrych tua'r gorwel.

Ac wrth hel yr halen o gorneli'r paced crisps,
dychmygodd ddydd cynnau tân
a llenwi'r muriau â hwiangerddi.

Ond rhwng nos a gwawr a glaw mân,
ergydiodd y llanw;

diflannodd fel y ffis o'r botel lemonêd
a dim ond y gwylanod yn crio o'i ôl.

Chwarae

Bryd hynny, roedd yr haf yn hir,
y dyddiau yn nhraed eu sanau
a sŵn piano'r tylwyth teg
i'w glywed dros y caeau.

A ninnau'n tri yn herio'r byd,
ei ddrain a'i ddanadl poethion,
nes deuai'r nos i'n hel i'r tŷ
yn ras o fochau cochion.

Aeth tri yn ddau yn hiraeth haf;
mae'r dyddiau'n gwisgo'u clocsiau
a nodau piano'r tylwyth teg
sy'n siwrwd ar y cloddiau.

Gwybed

Dwi'n cofio fy nghoesau gwyn wedi cyffio
a gwybed fy meddyliau yn denig
efo'r *Dynion Bach Od* a'r ddol ar fy nglin.

Dwi'n cofio rhes o wyau Pasg uwch y piano,
clecian peli criced a choncyrs,
Angel Delight a straeon fin nos am law farw.

Dwi'n cofio'r gyllell yn siafio bwa a saeth o'r bambŵ,
pledu afalau ar gollwr y gêm pŵl, Fabs
a blanced y gath oedd yn waliau solat i'r den.

Ymhen amser
anghofiais am y *Dynion Bach Od* a dol a den,
ond daliais i greu
nes i un mis Mawrth beri
i'r gwybed sugno fy ngwaed.

Fi

Mae fy nhu mewn wedi mynd yn denau
a dieithr.

Ac mae'n rhaid imi geisio adnabod
y fi newydd hon
sy'n methu canolbwyntio,
sy'n simsanu rhwng ddoe
ac ofni be ddaw yfory.

Rhys

gyda fy mrawd ar Garn Boduan

Mae 'na ddwy flynedd
a deg llath rhyngom ni.
Dwy flynedd a lot o bethau
nad ydan ni wedi eu dweud.

Rhyngom, mae
ambell sylw ffwr-bwt,
ambell saib,
ambell awgrym
sydd fel oglau'r awyr
pan fo storm ar ddod.

Ond yma, yng nghanol y grug
dechreuwn daflu
esgyrn emosiynau i'r gwynt,
saethwn flaen gewyn ein hofnau
i'r rhedyn dan draed,
codwn ddraenen o'n pryderon
a gadael i'n cyfrifoldebau
chwarae mig rhwng y coed pin.

Dan gysgod Cytiau'r Gwyddelod
gwasgarwn ein galar yn rhydd
dan lygaid yr haul.

Ar gopa'r Garn
does yna ddim ond
chdi a fi
a'r mynyddoedd
ac felly fydd hi rŵan.

Mam

Ger adwy'r tŷ, fe'i gwyliaf
ar ei gliniau'n gwaredu chwyn
ac yn codi briallu o'u crud i'w gwely,
eu lapio'n dyner dan gwrlid y border
a dyfrio ei swsus nos da drostynt.

Cymer ei gwynt ati wrth i weddi
ddenig o dwll dan grisiau ei chalon
a loetran ar ei gwefus.

Mae'n fy ngweld ac yn goglais gwên,
er gwybod fod y pridd yn llithro
fel ei phlant drwy'i dwylo.

Mynydd

Clep drws car
a 'sgidiau lledr yn sgyrnygu
ar ro mân y maes parcio.

Codaf gliced giât y mynydd
a'm meddwl
yn llawn gronynnau llwch.

Ar y llwybr,
haws chwarae cuddio
â'r wynebau sy'n mynd am adref
i fwyta tec-awê, dyfrio'r potiau blodau,
cloi'r garej a gwagio'r peiriant llestri.

A'r môr a'r awyr
ar fin maddau i'w gilydd drachefn,
daw'r nos i gropian am y copa
ac mae f'anadl yn sigo.

Ond fesul cam, dwi'n gwisgo
'nghroen am fy nghorff eto.

'Ti'n gallu chwibanu?'

Cwestiwn gan Eleias, fy nghefnder

'Ti'n gallu chwibanu?'
holodd wrth chwythu poer
drwy bolo mint ei wefus.

'Ydi Rhys yn gallu chwibanu?'
holodd wrth lyfu'i fysedd
staeniau *chocolate buttons*.

'Ydi Dafydd yn gallu chwibanu?'
holodd a'i ben rhwng ei goesau
wrth ddilyn cynffon y gath.

Dwi'n syllu'n hir
ar ei ddwylo bach pedair oed
sy'n clepian hwyliau'r gwynt,
sy'n siglo si-so'r sêr,
sy'n dal adenydd tylwyth teg,
sy'n dringo ysgol i gestyll y cymylau,
sy'n sglefrio'r enfys a thyllu am drysor,
sy'n chwalu'r ffin rhwng ddoe a heddiw.

'Ydi mae o.'

Yn ei fyd bob lliw
diamser o,
does 'na ddim damwain.

Tywallt

I Caryl Bryn

Bore Sadwrn arall yn bygwth drwy'r bleinds,
bocsys pitsa yn stremps sos coch,
laptop aeth yn déd ar hanner cân,
a photel Jack Daniels yn sobri
ar ddibyn silff ffenest.

Finnau'n cerdded ar fodiau 'nhraed,
yn trio peidio â glynu 'nheits
ar staeniau gwin y llawr.
Hithau'n rhwbio'r oriau mân o'i llygaid.

Dyma osod ein galar dan fagiau te
a boddi ddoe dan ddŵr poeth,
trwsio geiriau nes bod y ceiniogau
a'r leitars dan y clustogau'n tincial,
chwerthin nes bod y lipstic coch
ar rimyn y gwydr yn gwenu.

A rhywsut,
mae pethau'n dechrau gwneud sens eto.

Gweld

Rywle ar yr A470
mae signal y radio yn cadw reiat
ac yna, fel pe na bai'r môr yno
mae'n tiwnio i donfedd gorsaf yn Iwerddon
a dwi'n meddwl,
ai dyna ydi o?

Ydi o fel dal llygaid dieithryn
ar ochr arall y draffordd?
Ydi o fel cusan tawelwch
rhwng dau gar mewn dinas?
Ydi o fel sylwi ar jwg piwtar
yn crogi ar fachyn dresel
drwy ddrws cilagored
siop antîcs wag ym Machynlleth?

Dyna ydi o?

Ydi o fel cael cip ar syniad
sy'n chwarae cuddio
a finnau'n methu dod o hyd iddo?

Ydi o fel ffenest stafell groesholi
mewn gorsaf heddlu?
Wyt ti yn fy ngweld i rŵan
a finnau ddim yn dy weld di?

Mynwent

Dwi'n dy glywed;
sandalau du yn deffro'r gwlith
a charnasiwns gwyn wedi'u gwasgu mewn dwrn.

Ti'n edrych
ac yn gwenu;
ond nid y wên oedd gen ti
ar gopa'r Glyder Fawr,
nid y wên pan roist ti gweir imi
mewn gêm Scrabble Dolig dwytha,
nid y wên pan nes i *fish fingers* a chips
wedi llosgi i chdi,
ond gwên wedi brifo –
a ti'n meddwl
bo chdi'n gallu cuddio dy deimladau.

'Ti'n iawn?' medda chdi
yn dy lais cyfarch pobl ddiarth.
Tydw i ddim yn ateb,
ti'n sbio tu draw imi
a dwi'n gweld y mynyddoedd yn dy llgadau di.

Dwi'n dy wylio
yn mesur a thorri,
gosod a thwtio.

'Sori mod i'n ddi-ddeud.'
Dwi'n chwerthin
ac am y tro cyntaf ti'n gwenu go iawn,
ond yna, fel ergyd yn nhywyllwch nos,
ti'n crio'n dawel
ac yn plethu dy wefus
fel 'nes ti pan welist ti fi ar ôl y ddamwain.

Ti'n rhoi'r carnesion olaf yn ei le.
'Mi wnân gwta bythefnos.'
Ti'n codi ac yn sgubo'r pridd o dy deits
a phigo'r dail crin o gylch dy draed.

Ti'n 'diolch am bob dim'
a dwi'n ailadrodd dy eiriau
ond dwyt ti ddim yn talu sylw –
ti'n lapio'r gwynt yn dy freichiau
cyn troi dy gefn.

Dwi'n gweiddi ar dy ôl
ond chlywi di ddim.

TI'N IAWN?

Mynd

Tu draw i gling ffilm fy myd
mae amser yn dal i dician ar ddistyn,
mae cegau'n symud
a phlu'r lleisiau'n cosi dan ên
a dwi'n trio gwrando.

Gwrando...

'Paid colli calon.'
'Cer yn dy flaen.'

Ymlaen?

Af yn nhraed fy sanau,
af â hoel y baw rhwng fy modiau,
af dan chwerthin fy nghnul,
af â'r mynyddoedd yn fy llygaid,
af a phlannu fy nyddiau'n felyn eto
ac awn yn driawd fel o'r blaen.

Awn.

Elin Lisabeth

Daw Elin yn wreiddiol o Ben Llŷn, ond bellach mae'n byw ac yn gweithio yng Nghaerdydd. Graddiodd o Brifysgol Bryste gyda gradd dosbarth cyntaf mewn Darlunio. Ers hynny mae wedi cael cyfle i arddangos ei gwaith yn Oriel Plas Glyn-y-Weddw a'r Lle Celf yn yr Eisteddfod Genedlaethol yn ogystal â sawl cyfle i gydweithio ar gomisiynau creadigol i'r BBC a chylchgrawn *Beneficial Shock!*

Instagram: @elinlisabeth

PILLGWENLLY